AF200632

Schießbuch für Sportschützen

- Erwin Reichstatt -

Bibliografische Information der Deutschen Nationalbibliothek: Die Deutsche Nationalbibliothek verzeichnet diese Publikation in der Deutschen Nationalbibliografie; detaillierte bibliografische Daten sind im Internet über dnb.dnb.de abrufbar.

**Herstellung und Verlag:
BoD – Books on Demand, Norderstedt
ISBN: 9783746044255**

Schießbuch - Erwin Reichstatt

Angaben zur Person

Name: _____

Vorname: _____

Geburtsdatum: _____

Straße / Nr.: _____

PLZ / Wohnort: _____

Tel. Nr.: _____

Verein: _____

Schützenpassnummer: _____

Notizen / Bemerkungen:

Angabe zur ersten Waffe:

Modell: _____

Kaliber: _____

Waffenart: _____

Hersteller: _____

Seriennummer: _____

Sonstiges: _____

Angabe zur zweiten Waffe:

Modell: _____

Kaliber: _____

Waffenart: _____

Hersteller: _____

Seriennummer: _____

Sonstiges: _____

Datum	Waffe	Kaliber	Schuss-anzahl	Disziplin

Distanz	Aufsicht / Stempel	Training	Wett-kampf

Datum	Waffe	Kaliber	Schuss-anzahl	Disziplin

Distanz	Aufsicht / Stempel	Training	Wett-kampf

Datum	Waffe	Kaliber	Schuss-anzahl	Disziplin

Distanz	Aufsicht / Stempel	Training	Wett-kampf

Datum	Waffe	Kaliber	Schuss-anzahl	Disziplin

Distanz	Aufsicht / Stempel	Training	Wett-kampf

Datum	Waffe	Kaliber	Schuss-anzahl	Disziplin

Distanz	Aufsicht / Stempel	Training	Wett-kampf

Datum	Waffe	Kaliber	Schuss-anzahl	Disziplin

Distanz	Aufsicht / Stempel	Training	Wett-kampf

Datum	Waffe	Kaliber	Schuss- anzahl	Disziplin

Distanz	Aufsicht / Stempel	Training	Wett-kampf

Datum	Waffe	Kaliber	Schuss-anzahl	Disziplin

Distanz	Aufsicht / Stempel	Training	Wett-kampf

Datum	Waffe	Kaliber	Schuss-anzahl	Disziplin

Distanz	Aufsicht / Stempel	Training	Wett-kampf

Datum	Waffe	Kaliber	Schuss-anzahl	Disziplin

Distanz	Aufsicht / Stempel	Training	Wett-kampf

Datum	Waffe	Kaliber	Schuss-anzahl	Disziplin

Distanz	Aufsicht / Stempel	Training	Wett-kampf

Datum	Waffe	Kaliber	Schuss-anzahl	Disziplin

Distanz	Aufsicht / Stempel	Training	Wett-kampf

Datum	Waffe	Kaliber	Schuss-anzahl	Disziplin

Distanz	Aufsicht / Stempel	Training	Wett-kampf

Datum	Waffe	Kaliber	Schuss-anzahl	Disziplin

Distanz	Aufsicht / Stempel	Training	Wett-kampf

Datum	Waffe	Kaliber	Schuss-anzahl	Disziplin

Distanz	Aufsicht / Stempel	Training	Wett-kampf

Datum	Waffe	Kaliber	Schuss-anzahl	Disziplin

Distanz	Aufsicht / Stempel	Training	Wett-kampf

Datum	Waffe	Kaliber	Schuss-anzahl	Disziplin

Distanz	Aufsicht / Stempel	Training	Wett-kampf

Datum	Waffe	Kaliber	Schuss-anzahl	Disziplin

Distanz	Aufsicht / Stempel	Training	Wett-kampf

Datum	Waffe	Kaliber	Schuss-anzahl	Disziplin

Distanz	Aufsicht / Stempel	Training	Wett-kampf

Datum	Waffe	Kaliber	Schuss-anzahl	Disziplin

Distanz	Aufsicht / Stempel	Training	Wett-kampf

Datum	Waffe	Kaliber	Schuss-anzahl	Disziplin

Distanz	Aufsicht / Stempel	Training	Wett-kampf

Datum	Waffe	Kaliber	Schuss-anzahl	Disziplin

Distanz	Aufsicht / Stempel	Training	Wett-kampf

Datum	Waffe	Kaliber	Schuss-anzahl	Disziplin

Distanz	Aufsicht / Stempel	Training	Wett-kampf

Datum	Waffe	Kaliber	Schuss-anzahl	Disziplin

Distanz	Aufsicht / Stempel	Training	Wett-kampf

Datum	Waffe	Kaliber	Schuss-anzahl	Disziplin

Distanz	Aufsicht / Stempel	Training	Wett-kampf

Datum	Waffe	Kaliber	Schuss-anzahl	Disziplin

Distanz	Aufsicht / Stempel	Training	Wett-kampf